VAGABOND, BONDIT DANS LE MONDE
Par Sacha SCHUBY

Textes et illustrations : Sacha Schuby

© 2020, Schuby, Sacha
Edition : Books on Demand,
12/14 rond-Point des Champs-Elysées, 75008 Paris
Impression : BoD - Books on Demand, Norderstedt, Allemagne
ISBN : 9782322242825
Dépôt légal : septembre 2020

EXPlications :

Une masse de feuilles de cours, de divers carnets, de bras, de mains, de mouchoirs, couverts de pensées ou de mots mâchouillés...
Entassés tous à droite à gauche, par terre, froissés ; il fallait bien, un jour, que j'en fasse quelque chose de toute cette encre, qui m'a permis de passer les années, avec curiosité de mon être, découverte de sentiments de toutes formes et couleurs, tout cela avec beaucoup d'intensité.

A 20 ans, en une année fort compliquée, avec un rejet de lucidité (dans quel monde sommes-nous à présent ?), je décide de regrouper mes idées.
« Qu'ai-je fait ? Qui suis-je ? »
Une jeune femme prétentieuse ? Qui croit peut-être un jour vous charmer de ses lettres, de sa voix, de ses terreurs et amours profonds et déchaînés.

A quoi bon être cette petite ombre, qui observe beaucoup sans trop attirer le regard, qui passait son lycée à gribouiller... A quoi bon s'être isolée si je n'arrive pas un jour à m'ouvrir à vous ?

A 20 ans, je désire être une femme, confiante, consciente de ce qu'elle vaut. Jusqu'ici, je me voyais comme des yeux qui captent beauté, fragilité, une caméra qui filme. Celle qui immortalise les soirées, les souvenirs, mais qui ne se voit jamais apparaître dans ceux-là.
Qui se souviendra de la photographe de notre jeunesse ?
Je n'étais qu'un objectif, un plutôt... assez sensible. Je désire désormais être actrice.
Aussi, ne me trouvant jamais assez photogénique pour poser, je préfère poser là ce qu'il y a derrière mon corps. Dans ma tête.
Peu savent, me connaissent... Je ne sais même pas si je fais partie de ces gens-là.
Mais à 20 ans, j'ai hâte que vous me rencontriez. J'ai hâte d'avoir le retour de mes mots, l'échange de mon existence avec le monde.

Je souhaite un jour être comprise et me comprendre, mais, pour l'instant, je vous laisse le choix de rentrer ou non dans mon univers. Au moins vous verrez. Au moins vous me verrez.

Sacha

I- Dans ma bulle

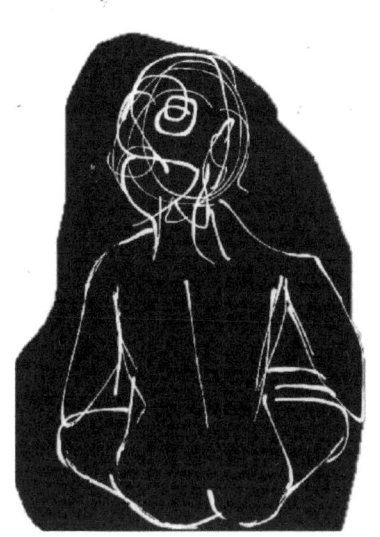

Dans ma BulLe

Avec ma brume
Je suis une poule mouillée
Je n'ose plus nager sans mon stylo à plume
Car j'ai peur d'embrouiller mes idées
Mon Bubule à mes côtés
Je vois flou mais coloRé
L'ancre de mon cerveau me Plonge dans mes pensées

Et c'est l'encre de Mon stYlo qui viendra me repêcher

(?/ ?/2016)

Cerf-Volant

Dans mon monde en cerf-volant
Les tresses se démêlent en boucles d'or
L'œil de la fée réalise que l'enfant
S'en va, loin, dehors

Son cerveau ne sera plus jamais lent
Grâce à son grand élan

Pense, pense aux ailes d'oiseaux qui soulèvent tes rêves d'antan

Crois et crois aux mains d'argents qui
Bercent ces cœurs battants

Vole et vole, mon ange
Tous_ Tous les orages
Seront bientôt loin dessous
Oh dessous de tout.
Mon toit volant

(25 / 09 / 2017)

Le sablier

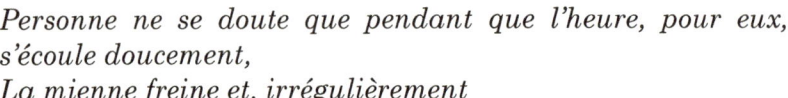

Violents coups
De boulet dans le ventre
La jambe tangue et tape
A deux battements par seconde
Et ce corps se chauffe et souffre en silence...

Personne ne se doute que pendant que l'heure, pour eux, s'écoule doucement,
La mienne freine et, irrégulièrement

Dérape dans ma tête

... Tout cela est bien trop lent.

Je pense à l'après, et mon cœur bat au passé. Pendant ce temps, mon corps se dégrade, petit à petit à chaque grain de sable, je vois tomber ma peau morte

L'envie de rester, mais le besoin de quitter
La vie est trop lente !
La mort se dure
Je veux de la vitesse, de la sensation
Je ne veux plus être lâche,
Juste tenir bon.

(27/09/2017)

L'acrobate

Roule et roule l'étoile filante
Sous le toit souriant du cirque
C'est tout un cycle
Tout un mécanisme
Enchanté
Et les rires font vivre
Ce monde en couleurs
Les pulsions s'emballent dans
Les pulsations de la danse
Le regard jongle
Sur les merveilles de ces monstres
Qui montrent qu'un cafard peut être magnétique
Il peut être magnifique
Il suffit qu'il joue à l'imagie-nation

Les peurs sont plus absurdes que ces rires décalés

Emporte-toi cher rêve, dans cette onde qui fait de la vie un spectacle enchanté

(?/ ?/2017)

MES BRANCHES DÉBRANCHENT

MON ÂME CHERCHE UNE SORTIE
UNE ISSUE
UNE FAILLE
DANS LE SYSTÈME
POUR GRANDIR
S'ÉLEVER
POUR PRENDRE DANS SES BRAS
LES ÉTOILES.

EN MOI,
UNE FLAMME
QUI RÊVE D'EXISTER DANS CE MONDE
DE POUSSER EN BRANCHES DE MARBRE
QUI FLEURIRAIENT POUR
UN PRINTEMPS ÉTERNEL

CETTE
PLANTE
NOURRIRA
TOUTES
LES
FLEURS
DE LA TERRE, ELLE ABRITERA
TOUS LES OISEAUX PERDUS ET BLESSÉS.

(13/08/2017)

Sonnet automatique
(écriture libre)

Je l'ai senti
Que tu étais
Sans moi,
Fusée d'envies
Renfermant la
Flemme du bon-
Homme au ventre
Coffre-fort
La clef est dans
L'œuf d'argent
Qui scintille à
Travers les noces
Volantes
Volez
Mauvais sonnets
Qui grisent le
Beau ciel de la
Bulle, je te
Demande d'épouser
Mes formes
Luisantes, à la
Lumière du rire de
Ce gosse

Fleur ravie
D'être une
Partie de
jaune d'œil d'un
ami qui ronfle dans
son vent et la vie
flotte sans aile
dans la mine du
crayon d'or,
Dors. Vas-y
Donne-moi cette
Valise de mots
D'enveloppes
du poste qui
passe son béret
au sans-abri qui
visite les rues
La nuit sans
Vouloir de gens
Sans avoir de
Murs.
Quel est le nom
De cet agent ?

(?/ ?/2017)

L'appel emporté
(écriture libre)

    Non ! Ne pars pas ! Ne t'envole pas petit bateau. L'eau est trop claire dans le ciel, le nuage est trop chaud et tu vas mourir au sol parce que tu es allé trop haut.
    Viens ! Par là ! Là où les oiseaux courent bras ouverts dans les champs lexicaux. C'est l'appel du non-sens. Là, des astres, ce désastre rempli de toutes les facettes de toi, qui font perdre le sens au mot et qui changent sans cesse la forme des pièces. Chante ! Plus fort ! Plus vite que la lumière, plus haut que le vent des montagnes et mensonges, plus aimant encore que le cœur tendre de la pierre.
    Cours ! Cours ! Mon ange, tu n'as plus besoin de tes ailes car elles sont trop lourdes, encombrantes. Le sol est si plaisant, il enveloppe et masse les peines pour qu'elles disparaissent comme l'amour que tu as eu pour moi hier.
    Le Roi mène la danse.
    L'énergie submerge la joie et l'amour, et la vague ramasse le verre brisé.

(?/ ?/2017)

Mon œil Trouble

Tu m'emportes
Mauvais rêve au souffle chaud
Tu m'importes
Petit vers aux doux mots
Tu te rends compte
Enfant à la pensée morte
Que tout ça compte
Car en réalité, il fait froid dehors

C'est notre rencontre
Toutes les surprises de cette onde
Qui a mis ma raison contre
Je crois enfin comprendre ce monde
J'ai peur de me tromper
Car tu es un bon acteur
J'ai besoin de me faire rattraper
Car j'ai confiance au menteur

Tu dois savoir
Ô, créature trouble
Qu'avec tes doux maux
Je vois double

Peut-être que tes yeux me guideront
Vers la réalité
Peut-être que mon cœur prendra
Cette liberté

Celle de t'aimer.

(?/ ?/2017)

Qu'on écrase toutes ces flaques !

Rha ! Le temps passe qu'une fois qu'on a passé une nuit blanche.
On se rend compte qu'on le perd quand le jour se lève mais qu'on regarde le vide.
Les nuages passent et repassent, viennent et reviennent, changent de formes, puis disparaissent. Je me rends compte qu'il y a mieux à faire que de fermer les volets pour ignorer l'orage qui gronde.
Alors, j'oublie que le temps file. Oui, j'ai grandi, et ca me lasse.
Je prends alors mes seules godasses qui n'ont pas de fissures, pour me battre contre la tempête.
Sauter dans les flaques,
Faire comme si j'étais imperméable,
Et tant pis si je suis trempée de ridicule.
Je me moque de risquer de tomber
Malade
Je profite de cet instant
Pour donner un claque à toutes ces larmes !

Mes bottes sont mes seules armes.

(04/ 11/2017)

Le mauvais vol

+ Mon petit sourire tendre
A tendance à se pendre
Aux lèvres de celui qui aime
Les mots absurdes que je sème

    + Mon petit lampadaire
    Qui voyage dans les airs
    Je sais que tu ne cherches pas mon cœur
    Tu ne promets de faire mon bonheur

        + Car ce que tu ressens n'est pas de l'amour
        Et ça me fait un poids lourd
        Ce n'est que de l'admiration
        Petit Voleur, tu ne veux que mon imagination

    + Mais, idiot, tu ne sais pas que je suis folle
    Je n'ai pas les pieds au sol
    Et cette inspiration est une faille
    Une issue pour que je m'en aille

+ Et ce n'est pas un véhicule
Ne sois pas ridicule
Je ne suis pas une destination
Tu ne feras pas parti de ma nation

NE PREND PAS CET ENVOL.

        (07/ 11/2017)

Rose ambrée

Se cache un secret dans ma chambre
Qui intrigue l'œil couleur ambre
A travers la serrure de ma porte
Fissurée et barricadée, telle une rose morte

Mes épines se pointent vers le ciel
Je n'ose regarder à travers mon aile
Le reflet de ce visage infini
Perdu dans ce large lac qu'est la vie

Sans repère dans mon âme
Sans lueur dans ma flamme
J'erre dans un monde trouble
Cherchant dans mon ombre ce double

Qui viendra me repêcher ?
Je fatigue, je n'ai plus la force de nager.
J'ai besoin de remonter à la surface
Je ne supporte plus le temps qui passe
Il faut que je revienne sur Terre

Que cessent ces effets secondaires
… de la vie

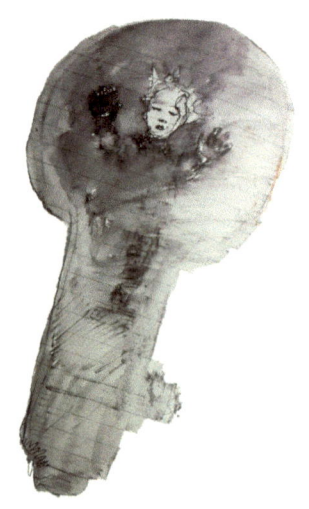

(22/ 11/2017)

Ma ligne a tiré

                Ma ligne a tiré
Les rides d'un sourire charmant
Elle a tiré les larmes
Elle attirait le vent
Elle attirait la foudre brisant…
                Ma ligne a tiré
Le ciel et les étoiles
Elle a tiré mon âme
Et toi tu m'as attirée vers toi

Et toi

              Tu as tiré

                      Sur moi.

          (14/02/2017)

La menace de la messe

Je suis lasse, le trait passe
dans mon espace

Je
trépasse

et

laisse
place à

ta trace.

Cette race
qui se casse

comme une
tasse, c'est

sensas que

tu me blesses
sans
cesse

Cesse

et laisse moi
dépasser le trait,

Je ne suis qu'une
maladresse
Je suis basse mais c'est là où
mes idées naissent.

(07/ 12/2017)

Furtive

VA VA VA VA
      MOINS VITE
ATTENDS JE JE
      T'ATTENDS
TU ES LE SEUL QUI PEUT ME SORTIR DE CETTE VAGUE...

          Où ES-TU ?

(13/ 02/2017

Divaguer

Quand j'observe les oiseaux
Je sens mon cœur se munir de plumes
Mes doigts qui frissonnent s'élever
Jusqu'à là-haut dans le ciel

Atteindre le démentiel

Atteindre le démesuré
Perdre pied
Et sauter dans le vent,
                Divaguer

Grandir et grandir
Monter et monter
Et voir les humains tout petits,
                S'envoler

Se sentir enfin unique
Sans peur, sans panique
Atteindre les étoiles

La tête légère
Mais le cœur rempli
Lourd bien trop lourd
Me poussant jusqu'au bout
Pour atteindre le noyau de la Terre

Ecrasée, piégée au sol
De retour dans la gravité
De retour sur terre...
        Je me réveille.

(?/ ?/2017)

Des mots sans son
(à la mémoire des victimes de la shoah et de tous les autres génocides de l'histoire)

A ces regards de détresse
Ne comprenant a prouesse
D'actes aussi immondes
Qui inondent notre monde de ce poison.
A ces rêves envolés
Ces espoirs de paix
Anéantis par la cruauté
De ces êtres incapables de penser.
A cet effroi face à ce sourire
De ces impensables idées
Tranchantes, sanglantes, sans vent
Etouffant le peu de voix restant
Dans cette gorge nouée, aux mots et révoltes coincées.
A ces images figées
Qui au lieu de s'élever
Descendent lourdement et douloureusement
Jusqu'à ce cœur brisé.
A ces cris de désespoir
Qui restent dans notre mémoire
Bien des années plus tard
Qui défient le temps et l'espace.
A ces hommes, femmes et enfants
Innocents.
Sachez que la poussière vit hors du temps
Et de vos cendres jailliront des fleurs d'or
Car vos prières ne sont pas vaines
De ces délivrances sans haine
Qui ont touché les dieux
Qu'importe leur nom
Et que même dans votre sommeil
Des larmes de peine et de tendresse
Arrosent vos graines et nettoient la noirceur de la terre,
Pour venir bercer vos paupières.

(02/ 12/2016)

LES ASTRES DEFIENT LES
ETOILES FILANTES ET LA LUNE
LUNATIQUE A DES TICS ET LES
MOTS PERDENT SENS

(12/ 12/2016)

II - La porte ouverte

Temps mesuré, tant usurpé

Je regarde les autres
Ce silence démontre
Les pensées qui sont les nôtres
Je dérègle la montre...

Je regarde les autres
Les poussières nous démontent
Les rires montent très haut
Ton regard reste contre

Contre les notes du vent, qui soulèvent les aimants, qui attirent les amants, tu danses dans la pause, ce sont des questions que je me pose.
Les merveilles des ondes, insensibles à ce que je montre, tu te règles à mon cœur, il n'y a pas de règles à mon heure.

Le silence chevauche
Les larmes des roches
Et même si je suis moche
Tu me mets dans ta poche

Je regarde les autres
Mais il n'y a personne d'autre
Que toi mon horloge
Et c'est dans ton âme que je me loge.

(20/ 01/2018)

Accords

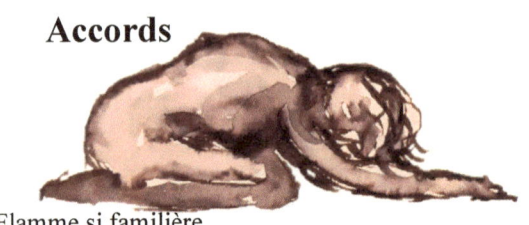

Baisers de larmes
Rêves de drame
Tu sors ta lame
Tu voles mon âme

    Flamme si familière
    Rame sur ma rivière

        Paraît que tu nageais bien hier
        Maintenant tu t'accroches aux lierres

Tu m'offrais une fleur
Toujours à la même heure
Et dans cette lueur
Je comprends la couleur

    Tu chantais dans le vent
    Au soleil levant
    Tu réveillais les pleurs d'antan
    Je savais que je t'aimais tant

Une pulsion quand nos regards se croisent
Ton sourire instantané frappe mon cœur
Oh... Je ne crois plus au malheur
Il n'y a plus de douleur
Petit voleur
        Mon âme t'appartient

J'espère que tu en prendras soin,
Même si tu n'y crois pas
Même si je viens de loin
Que j'ouvre les yeux un matin
Ton cœur au creux de la main

        Que tu m'auras peint.

(22/ 03/2018)

Vague

Vague derrière l'orage qui ronfle
Dis, vague, la rivière rage et gonfle
J'en voulais à tous ces songes braqués
Qui résistent dans un silence laqué
    Je croyais que je me noyais dans l'oubli
    Dans ce lac noir
        Où tu ne peux plus voir
        Tu ne pouvais entendre mes cris
        Cette eau impalpable
        Comment aurais-tu pu savoir que là-dedans gisaient mes larmes ?

        Savais-tu que j'étais sans arme ?
        J'attendais ta réaction,
        J'ignorais t'avoir bloqué
        Après mûres réflexions
            (ou pas)
        J'avoue que tu m'as manqué.

        (28/ 11/2018)

B.B

Mon amour, mon ami
Je suis sans voix
Moi qui maniais tant la poésie
Les mots sont des euphémismes
Quant à l'amour que j'éprouve pour toi
Je t'offrirais toutes mes lettres
Que ça ne suffirait pas
Alors je me tais, je te regarde
Et j'espère que tu ressens, au moins
Au fond de mes yeux, posés sur ton nom,
Qu'où que je sois,
devant toi loin de toi
Mon cœur s'anime et s'enflamme grâce à toi
Tel le soleil distant
Chaleureux et silencieux
Sache que même si tu ne me voies pas
Mon amour brûlera toujours pour toi
Il s'élargit, se propage
Ne mourra pas
Jamais
Et ça, malgré les pollutions

Je m'en veux que, posé ainsi, ce poème paraisse aussi fade que les chansons d'amour
Faut croire que c'est si simple que ça en devient cliché

(20/ 12/2018)

L'étoile égocentrique

Il était une fois, une étoile égocentrique
Elle voulait tant briller aux yeux de la Lune,
Qu'elle n'hésita pas à bouffer les autres étoiles
Et à voler leur lumière

Elle trahit même son étoile jumelle ou contraire

Mais elle ne sait pas que la Lune ne la regardera pas
éternellement et que quand elle détournera enfin le regard,
cette étoile, brillant de mille feux,

se retrouvera seule dans le néant
et ne brûlera plus que pour son ombre.

(27/ 02/2019)

Naufragée

Y'a une vérité perdue dans l'eau
L'oubli nettoie mais ne répare pas
Y'a des échos au fond du miroir
Je sais que des mots y sont inscrits
Les seuls réels dans ma vie floutée
Je sais que même si je nage dans un brouillard épais
Que je t'entends au delà des soupirs
Mes cris résonnent et dans cet espace insensé
Une seule pensée persiste
A l'horizon j'imagine la rive
Et je te vois mon soleil
La seule chose qui ne fond pas au sol
Mon soleil
La chaleur que tu m'apportes
Que tu apportes à mes doigts humides et froids
Elle me réchauffe le cœur
Je sais que cette étoile vit pour elle-même
Mais l'énergie qu'elle m'inspire est la seule boussole pour me sortir de ce mirage
Je sais que je devrais ramer pour retrouver le large
Aux merveilleux paysages bleutés
Et tu seras là, la beauté
Et tu seras là pour m'apaiser
Et je serais là pour prier vers toi
Mon espoir
Mon âme
Mon amour
Je t'aime, voilà cette vérité enfouie dans le gribouillis de ma tête
Et je ne peux songer au vide qui m'attend si un jour tu t'éloignes de moi
J'ai peur du noir
Et même si je devais y faire face
A ce tableau noir
J'y dessinerais tes traits, tes yeux, ton sourire
Et j'espère que tu me pardonneras
D'être perdue loin des autres vérités.

(17/02/2020)

Amour je t'admire

Amour je t'admire
Ma vie ressemblait à un triste mirage
Je volais des mots qu'on pouvait lire
Dans les plus bêtes des ouvrages
      Amour je t'admire
Je me laissais vivre sans compter les âges
J'employais de faux rires
Je cachais mes cernes au maquillage
      Amour je t'admire
Je vogue enfin sur un chemin sage
Je n'ai plus peur de la dérive
Je ne suis plus en nage,
maintenant je nage
      Amour je t'admire,
        Je t'aime

(10/ 12/2019)

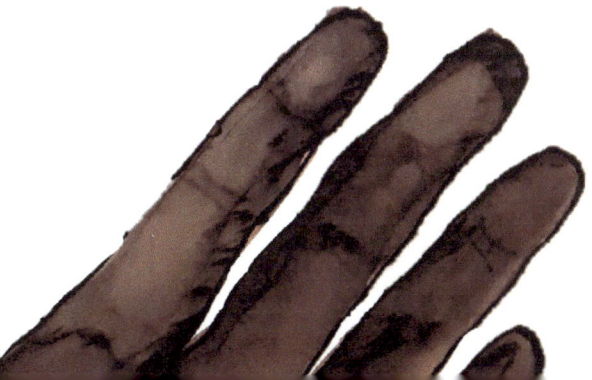

À ma Main Gauche :

Hold my hand my friend, I'll never be alone on my road, even if I'm lost. Until the day I realized you were here.
Don't worry, just look up to the sky and look for a sunshine.
If there's no light, look around you and see all these smiles, of the other hands. You'll never go back into the darkness, because people will shine for you...

(03/11/2018)

C.L.I.M.A.X

Climax, mon fantasme c'est tes yeux

Je me fiche de savoir si tu es réel

Je te crois, je te vois

Je me fige dans un silence éternel

On se noie toi et moi

Si ce n'est qu'un rêve ?
Le meilleur des rêves, car on le fait à deux.

(16/10/2018)

CHILDHOOD

You're drawing me a smile
I'm making you a flower and a sun
You say that it's cute,
I'm a child you know,
I never lie
Or only when I tell you I hate you
And we're painting a heart with our hands
The puzzle's made ...
I think, when I'm in your arms,
When you hold me tight,
I feel as good as watching a Disney
I'm living my childhood again
But not alone anymore,
Thank you...

(11/11/2018)

JOUISSANCE

Envie. J'enfile le fil bleu

Qui défile le long des rêves quand il pleut

Traverse les larmes du cœur jusqu'aux yeux

Je haie les dimanches quand ils ont eux-mêmes la flemme de se passer pour laisser place aux jours ensoleillés de la semaine

Le temps s'allonge...

*Sur le lit
la chaleur me ronge...*

Comme l'ennui

Je fuis, je fuis la montre mais elle me maîtrise

Peut-être qu'écrire me permettra d'exister ?

(27/07/2019)

III - Le vide

Les poussières de la ville

Souffle, amour sur ce poème
Caché entre les cracks
Nous attendons que la ville s'endorme…

Pour ouvrir nos mains vers le toit de nos rêves…
Les oiseaux s'y tiendront, raides
Comme des statues dont les plumes usées par l'encre
retiendront le pendu

Nous danserons là où les anges sont nés
Nous nagerons là où les briques pleuraient
Et nous nous réchaufferons, êtres grandis par la lune,
auprès de la lumière du lampadaire

Et nous nous sentirons plus jamais seuls.

(23/11/2019)

Ma mine ère
Pas de bonne mine sans air
Le mime fier
Part pour voir enfin la mer
Sous l'hymne mère
Là, de pâles êtres amers
L'immensité s'avère
N'être qu'absence de nerfs
…
Et dire qu'hier
On connaissait encore l'hiver
Et dire qu'hier
On faisait encore parti de l'univers

(23/11/2019)

Mon eau si bouillante
Pourquoi viens-tu à me prendre ?
A cette marche où je me suis perchée
Si aimante
Si chaleureuse
Cher vase éboulé
Que vas-tu faire de mon corps évaporé ?
Vas-tu le pendre
Ou le brûler ?

(29/10/2019)

J'ai rêvé que je mourrai
J'ai rêvé que je n'en souffrais
J'ai pensé que c'était si simple
De se laisser porter par l'hélium...
Je volais maman.
Je le sentais.
Je volais maman,
au dessus de mon corps
Et mes peines restèrent sur Terre...
Je n'ai jamais été aussi légère
J'en rêvais depuis longtemps, j'en avais besoin
Ce corps froid est lourd pour ma tête
Ou, est-ce ma tête qui le piège au sol ?
C'était si bref cet instant d'espoir
Le rayon comme un laser avait touché du doigt
    Ma faiblesse de trop y croire...
     Ou pas assez ?
Aurais-je un jour la force pour pouvoir avancer après cette chute brutale dans la réalité ?
Comment deux secondes permettent-elles de mettre à nu mes failles ?
Ces espérances...
Et la magie de l'âme fera qu'un jour, de cette matière à tristesse et à regrets, je forgerais mes propres ailes afin de survoler ce cratère d'échecs.
J'écrirais peut-être avec des airs

(29/10/2019)

J'enfume
Ma douce lune
Ma nuit s'écaille
Mon ange mort
J'habitais un rêve,
Bel endormi
Mais désormais je te le confie
Pour qu'il ne se brise pas au son du réveil

Rise
Arise
Erase
Risée
Brise
Briser
Baisers
Miser
Peser mes mots sur ton corps braisé
Lésés à l'aise
Nous portons en nous nos rêves abusés

                (26/07/2019)

Les jeunes brisent les cycles et les découpent en pac-man. De là, ils se nourriront de ce qui les entoure et fuiront la mort comme la peste pour que la partie ne s'arrête pas, pas sans que leurs initiales ne s'affichent sur la machine. Ils perdront, évidemment, mais ils se seront surpassés à leur propre jeu, et au mieux, ils se seront amusés.

                (02/02/2020)

Rapport :

    Tout droit descendre. Mes yeux s'endorment. Tout droit chavire pas.
Tout droit dans ma mire. Tout droit face à ton miroir.
    Tout droit ca rime tu vois. Tout droit s'en va. Je m'y arrêterai tout droit là-bas. Je descendrai devant. Je saluerai la fin. Je poserai pieds sur le temps. Tout le temps. Qu'il me reste. Celui d'avant.
    Tout droit au loin. Je verrai mon ombre vers l'avenir. La prochaine ligne. Tout droit demain.

(28/02/2020)

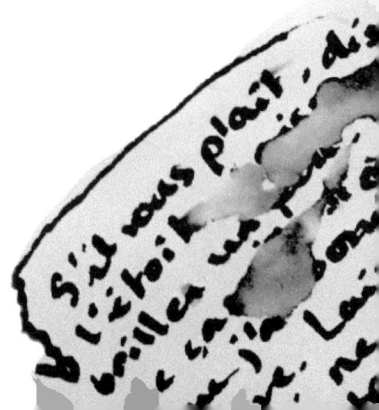

L'âme décalée
(écriture libre)

Epiques auréoles qui servent d'hula-hoop à ta main, qui tient une étoile pour ne pas tomber. Ce que j'aimerai ne pas avoir à tremper mes pieds ! Mais parfois la tempête chatouille et chavire vers des lieux abandonnés.

Tout ce qui est ici est planifié pour ne pas se briser n'importe quand. Mais toi, la flèche de ta montre ne fonctionne plus. Tu lis le ciel, mais c'est une toute autre langue. Tu fixes le large, tu te dis que c'est pour dans longtemps.

Mais tu restes là, je reste là, sur cette île oubliée. Le sable irrite mes bras, le soleil chauffe mes yeux. J'ai froid.

J'attends qu'on me raconte une plus belle histoire. Une histoire d'amour, de courage, d'amitié, et une fin heureuse quand les démons seront vaincus.

Là, je me dis : Et si les démons sont en moi ? Et si le chevalier devrait me transpercer de sa lame pour que le monde soit sauvé ?

Et si la princesse n'était pas dans sa dimension, qu'elle était bien trop loin pour être heureuse et avoir beaucoup d'enfants ?

Et si je suis beaucoup trop loin perdue dans l'océan, et que je ne vois personne pas un navire ni un envol pour m'apercevoir, assoiffée, affamée de vie, sur mon rocher ?

Et si je vieillissais sans avoir repris pied sur terre parmi les autres jeunes âmes ?

Et si personne ne pleurait ma perte puisque personne ne l'aurait constatée?

J'aimerai tant qu'on me raconte de nouvelles belles histoires, celles auxquelles je pourrai croire.

(28/02/2020)

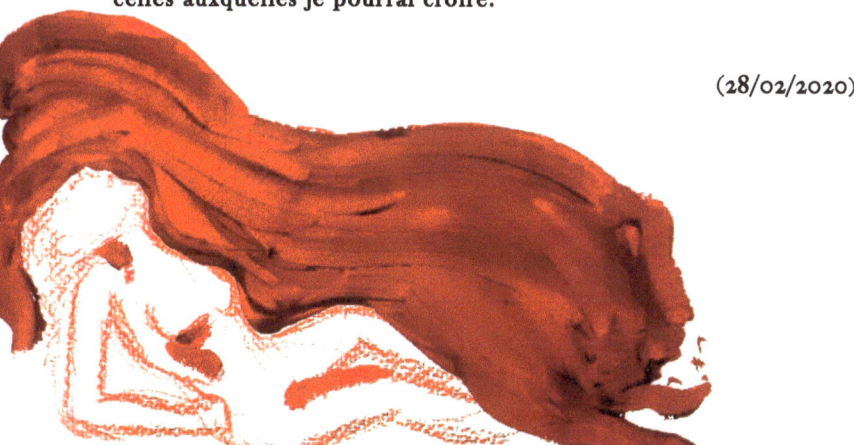

Man on the moon
It's growing flowers and fleas on your head
So much fun I smile with my eyes
Then you teach me how to draw a fly
You're floating, go ahead
I'll join you with a lot of laughs
Love you man in my glass
Kiss you on your neck
And go on and on and on for What ?
To embrace our hands.

(01/06/2020)

Vivre femme détachée pour ne pas finir au corps modelé par la violence et les mains des hommes. Leurs caresses nous lissent, leurs mots nous creusent, leur attention nous gonfle. Femme libre, vieillira avec un visage de femme, subtil, non pas avec les traits du père ni du mari, ni du frère. Femme vivra, vivre femme, cela dans son propre regard, non dans celui des autres.
Vivre pour elle-même, non pour combler la vie des artisans de la soumission.

(12/06/2020)

Tu t'ennuies, tu te noies
Tu t'enivres, trop de lois
Tu viens vite, saute de joie
Atterri, tombe plus bas

Tu t'ennuies, tu te noies
Tu t'enfuies, je te crois
On est mieux, loin de moi...

(16/06/2020)

Suis-moi je te fuis
Fuis-moi je te suis
Fus moi tu me suis
Tue toi je te fuis
Ennuie-toi je te nuis
La nuit noie-moi aussi
Je renie lois du déni
Tu m'oublies moi
Je me vide.

(12/07/2020)

Mon amour
Tu ne m'aimes plus.
Les veines sont lourdes
Les rêves rouillés
Mon amour
Tu ne m'aimes plus.
Ma voix s'est bloquée
Mon cœur, le souffle court
Mon amour
Tu ne veux plus.
De mes lèvres salées
De mes mains douces
De mes bras qui t'entourent
Mon amour
Tu ne m'aimes plus.

Un bruit sourd s'est étendu

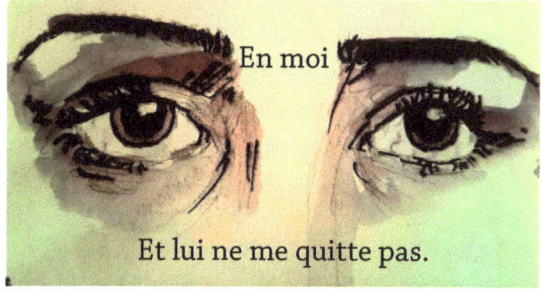

En moi

Et lui ne me quitte pas.

(21/07/2020)

Avis à vie
Avis avides

Rien rien rien

Ce n'est que mon regard
Mamie ma mie
Manie mon nid

Rien rien rien

Ce n'est que ma main
Vend vent
Avant ventre

Rien rien rien

Ce ne sont que mes mots
Là las la
Petite aux billes
Lasse la petite vie
Lacets et nœuds
Trop vite à mon avis
Trop loin pour garder un peu
Trop fragile agile

Rien rien rien

Pas même ton argile

Ne peut réparer les fissures
Du vase des susurres

(22/07/2020)

Et un et un visage de moins
De haut en basse
Défile sur moi
Paysages d'hier
Dans un nuage
Une note trébuche
Un souffle a bu

Et un et un visage de plus
En face efface
Cette fois je lui ai plu
Douces rancœurs de l'avenir
S'offrent à moi
De nouvelles vies.

(22/07/2020)

La vue du pont

Les lunettes brisent mes allumettes
Tes idées je les ai comprises
Tes mots je ne sais où les mettre
Par le parvis je vois qu'il y a un être
Est-il caché entre mes lettres ?
Est-il mâché entre tes lèvres ?
Je te susurre quelques histoires qui t'énervent
Quelques :

« Veux-tu bien crever cher rêve ? »

Tu me repousses, au bord des plages rousses
Je tousse, mes larmes moussent
Sur le porche, une écharde douce
Décrit des regards qui frimoussent
Des frissons qui brûlent ma peau
Nous balançons toutes nos émotions dans l'eau

Subis-je une commotion ?

Depuis le pont :
Un écho
Tu me réponds ?
Un écho
Non. « Rompons »
Alors rompons.
Rompons avec le silence de nos mains.
Rompons avec les promesses sans lendemain.
Rompons avec le reste, avec l'humain.
Puis rampons, et jusqu'à demain.

(03/08/2020)

Hic

On glisse sur les mosaïques
Sur les pavés de toutes églises
Nous sommes ambulants, c'est le hic
Plus qu'à choisir sur quelle rue on mise
On rit en nous pensant si héroïques
On soupire quand on réalise…

La lune est pleine elle nous mène du bout des doigts
Elle joue avec nos ondes
Il n'y a pas de sens à tirer de ses lois
Nous sommes simplement au monde

Pas de mots cachés au profond de chaque flaque de chaque
vent de chaque temps de chaque voix, de chaque voie.

(05/08/2020)

La danse

Danse et danse jusqu'à étranglement suprême
Mords et mâche chaque sens et rêves
Pied à terre ou dans les airs
Imprègne toi dans l'instant, dans l'intensité de ce que tu ressens
Tu vis tu bois
Et même quand tu te noies
Tu touches du bois
On vit que deux fois ou trois…
Tout se vaut

Danse et danse souris, ris même quand y'a du mal
Que tous les pleurs s'expulsent dans les pulsions et la sueur
Choisis enfin la lueur
Celles des projecteurs
Sans te projeter

Que toutes les peurs et mœurs s'enfuient aux sons de nos pas !

(11/08/2020)

La goutte

Une goutte doute

Elle tombe et retombe

Sur l'incessante route

Dans un bruit de tombe

Une musique irritante

Une boucle à tendre autour...

Elle perd goût à force qu'elle le tente

Tout pour une caresse d'amour

La gravité est lourde à porter

A ne plus entendre quand vous mentez

Une goutte est emportée

Elle attend que le vent vienne la hanter

Elle préfère se brûler avec du thé

S'effacer avec l'été

Se planter pour être goûtée

Elle préfère ne plus être goutte,
Simplement être arrêtée

(15/08/2020)

Laisse-le

Laisse-là les vagues de détresse
Laisse-là les maux de l'espoirs
Les mots de l'histoire
Tu le sais désormais, que le train est parti…
Essuie ce miroir
Oublie les maladresses

Je t'en ai voulu, d'avoir soupiré
J'en ai voulu, de tes rires admirés,
Mais désormais, relâche tous les tons
Il ne sera plus jamais « ton »

Laisse-là les hontes des promesses
Laisse-là les gouttes et la poussière
Tu le sais bien, il te l'avait dit.
Ce ne sera plus jamais comme hier
Oublie toutes les caresses

(20/08/2020)
30/04/2017

Ainsi sans si

Ainsi tu n'existes plus
Je t'ai échappé dans les vapes
Tu ne t'introduiras plus
Dans les regards que je frappe

Les images sont effacées
Surtout tes lèvres sont glacées

Tu n'existes plus
Qui étais-tu au fond ?

Ce que je voulais voir

Mais je te chasse maintenant
Vide toi de ton silence
Je retire à jamais ta présence
De ma vue

Ainsi tu n'existes plus
Ainsi je n'aurai plus mal

Sans ça ce sont mes yeux que je devrais crever
En plus de ce cœur piétiné

Alors tu n'existes plus.
Tu es supprimé.
Je t'ai oublié.

Qui es-tu ?
Un rêve perdu ?
Une peine perdue ?
Je ne le sais pas et je ne veux pas le savoir.

(21/08/2020)

VI – La nouvelle page

Au dessus d'un nid de coucous

Quand les jours sont froids
Et que les oiseaux cherchent un toit
Moi je me refuge dans l'une de mes failles
En regardant de loin le train qui déraille.

Quand tu sens l'ombre qui s'étale
Que tu n'oses pas chercher où ça te fait mal
Moi je ravale tes larmes et détourne les regards
Tant pis si on n'arrive pas à la même gare.

Tu sais, ce n'est pas grave
Tant qu'il y a… De nouveaux voyages
Tu sais, même si je te gave
On noiera les peines avec l'âge.

On ne peut pas promettre, seulement parier
L'avenir est si ridicule ! Alors riez !
On ne peut pas sauter les années et tous les traits
Le dessin doit se construire à l'encre des portraits
De ceux qui voient y âge avec toi

(27/08/2020)

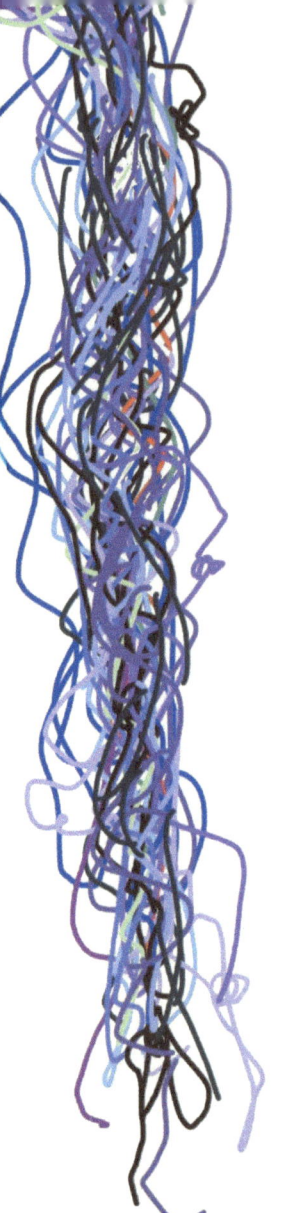

Tri&co

J'en doute fort
Je ne redoute pas
Qu'importe qui a tord
On nous emportera là
La vie défile, lasse
Sans sous et venir
Dessous mes menhirs
Tu t'engouffres tendrement
Dans les yeux de mes amants
Seuls les fils passent

J'en doute fort
Je ne redoute pas
Mes souvenirs
Ton beau sourire
L'image floue s'éternise
Mais là-bas au point
Cela se précise
La mise au point
Tu veux que je lise

Simplement : ne m'attends pas
Tricote ton avenir
Et souffle sur la cendre
Ton cœur à vendre

Tu ne peux compter que sur le pull que tu noues des mains

(06/09/2020)

Lèvres gercées

Que ça te plaise
Doux rêve de braises
Tu as signé sur le ciel
Tu m'as fait signe jusqu'au miel
J'ai le désir de tenir
Sans appartenir
Souffler tes peurs
Et les rancoeurs
Bouger les heures
Les rires moqueurs
Que ça te plaise
Doux yeux à l'aise
Sur mon épaule
Et dans ma paume
Contourner tes aréoles
Me sentir *at home*
Oubliant que l'été a brûlé et brillé
Demain l'automne
Le monde se tait
Plus rien ne m'étonne
Enfin la paix

(07/09/2020)

Je vis dans ma : mémoire
Je vide mes : miroirs
Il y a des soirs
Où j'ouvre tous les : tiroirs
Et j'essaie : d'y croire
Ou plutôt de : savoir
J'arrive à : rien y voir
Sans être perdue dans le noir
J'entends un mot : valoir
J'attends de vivre le verbe : pouvoir
Et ma pensée reste sur le : revoir
Cela m'épuise de chercher le : vouloir

J'aimerai simplement écrire mon : histoire

(22/09/2020)